Einsterns Schwester

2

Trainingsheft
zum Grundwortschatz

Herausgegeben von
Roland Bauer, Jutta Maurach

Erarbeitet von
Martina Schramm

In Zusammenarbeit mit
der Redaktion Grundschule Deutsch 2–4

Cornelsen

Inhaltsverzeichnis

In diesem Heft findest du ab Seite 6 Wörter,
die du mit einer **Lernwörterkartei** üben kannst.

Du erkennst sie an diesem Zeichen:

Für eine Lernwörterkartei brauchst du:

- einen Karteikasten,
- passende Kärtchen mit Linien,
- drei Trennkärtchen für vier Fächer.

So legst du die Kartei nach und nach an:

- Schreibe jedes Lernwort auf ein Kärtchen.

- Schreibe zu jedem Wort das Zeichen,
  das beim Üben dieses Wortes hilft.

- Markiere wichtige Stellen im Wort.

das Taxi M

der Spaß M

So übst du mit den Wortkärtchen:

1. **Lies** das Wort auf der Karte.

2. Drehe die Karte um.

3. **Schreibe** das Wort in ein Heft.

4. **Kontrolliere** und verbessere.

   - Wörter, die du richtig geschrieben hast,
     rücken ein Fach weiter.

   - Wörter, die du falsch geschrieben hast,
     bleiben vorn und du übst sie nochmals.

   - Lass dir die Wörter auch von
     einem Partnerkind diktieren.

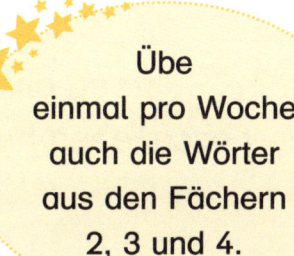

Übe
einmal pro Woche
auch die Wörter
aus den Fächern
2, 3 und 4.

1 Lies und merke dir nach und nach die Wörter in jedem Kasten.
Schreibe sie auswendig auf.

1	ab
2	den
3	dich, dir
4	euch, fast
5	her, hin
6	kein, mein
7	mir, nichts
8	noch, ob
9	wem, wen
10	ihn, ihnen, ihre

1: ab ✓, 2:

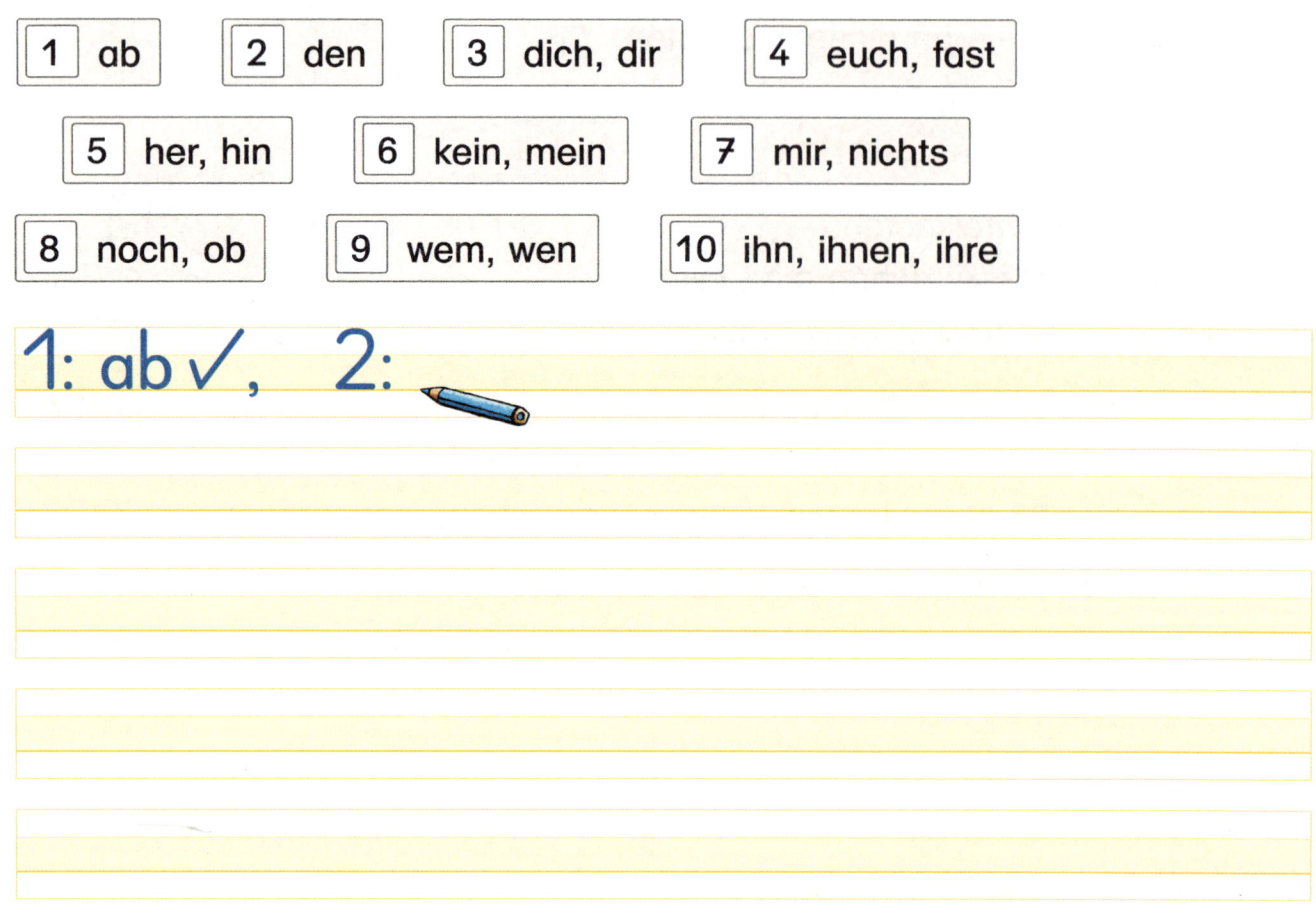

2 Prüfe in ① , ob du alle Wörter
richtig geschrieben hast.

Hake ab
oder
verbessere.

3 Wie viele Wörter aus ① kannst du dir merken?
Decke sie ab und schreibe sie auswendig nochmals auf.

1 Lies die kleinen Wörter.

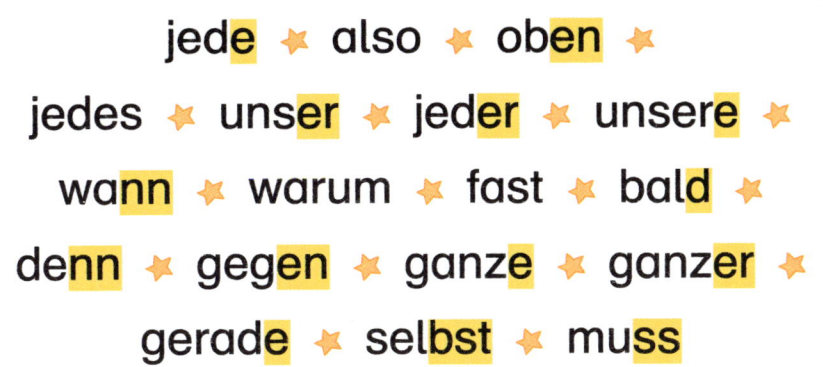

jede ✶ also ✶ oben ✶

jedes ✶ unser ✶ jeder ✶ unsere ✶

wann ✶ warum ✶ fast ✶ bald ✶

denn ✶ gegen ✶ ganze ✶ ganzer ✶

gerade ✶ selbst ✶ muss

Schwierige Stellen sind gelb markiert.

2 Lege eine Tabelle an.
Trage die Wörter aus **1**
nach der Anzahl ihrer
Buchstaben geordnet ein.

S. 5 ② + ④		
4 Buchstaben	5 Buchstaben	6 Buchstaben
jede ✓	…	…

3 Lies die Sätze und ergänze passende Wörter aus **1**.

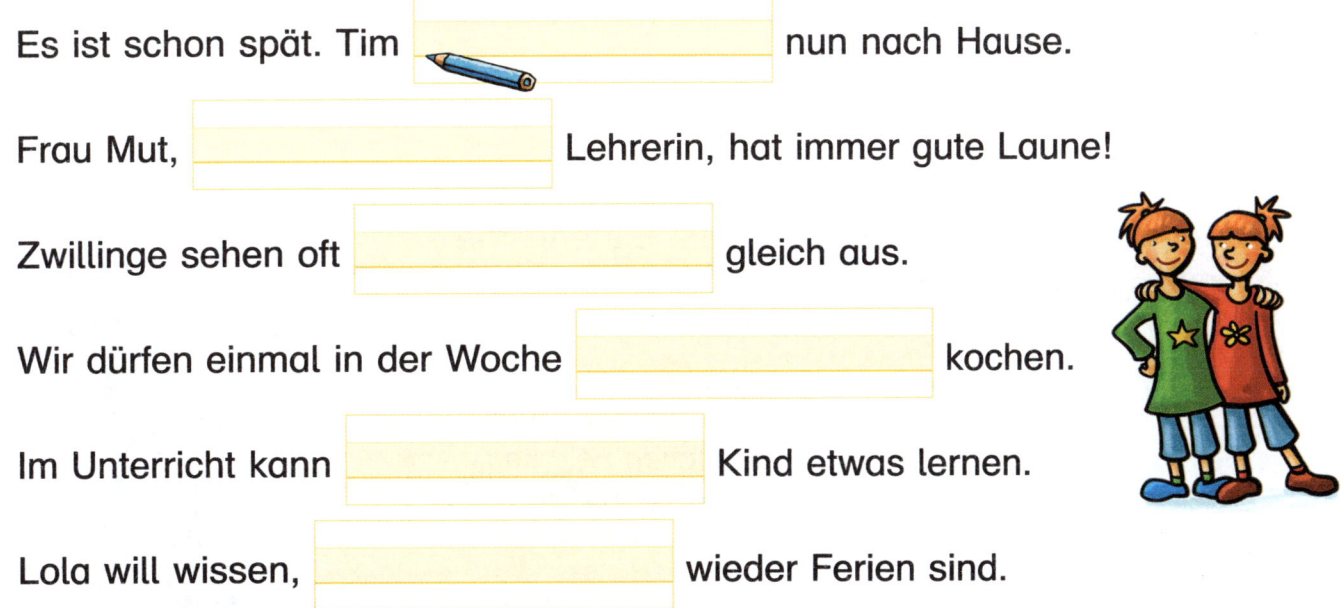

Es ist schon spät. Tim _____ nun nach Hause.

Frau Mut, _____ Lehrerin, hat immer gute Laune!

Zwillinge sehen oft _____ gleich aus.

Wir dürfen einmal in der Woche _____ kochen.

Im Unterricht kann _____ Kind etwas lernen.

Lola will wissen, _____ wieder Ferien sind.

4 Prüfe, ob du in **2** und **3** alles richtig geschrieben hast.
Hake ab oder verbessere.

① Finde zu den Silbenkernen die passenden Wörter.
Schreibe wie im Beispiel.

1	i	2	u e	3	o e
4	a i i e	5	a e	6	e e
7	i e	8	e i e	9	e

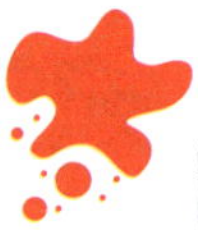

Zehe   Geschichte   Hilfe   Muschel

Farbe   Fest   Familie   Schrift   Rose

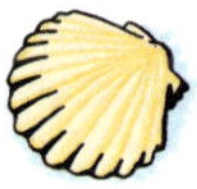

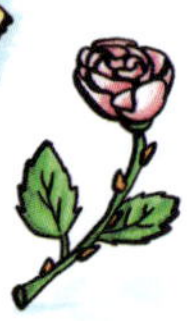

1: Schrift ✓ ,   2:

② Markiere in jedem Wort zu ① die Silbenkerne.
Zeichne die Silbenbögen ein.

Übe die Wörter
im blauen Feld immer mit
der Lernwörterkartei.

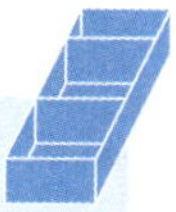

die Familie, die Farbe, das Fest, die Geschichte,
die Hilfe, die Muschel, die Rose, die Schrift, die Zehe

① Trage jeweils die passende Silbe ein und schreibe die Verben vollständig auf.

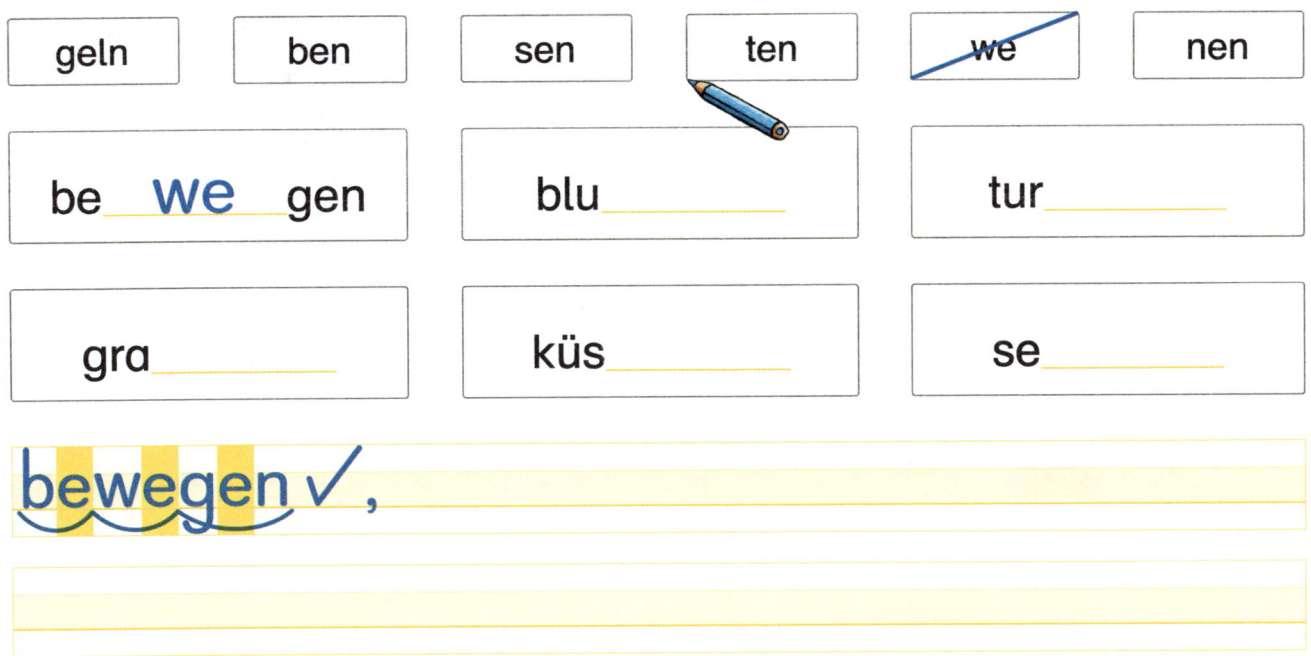

| geln | ben | sen | ten | ~~we~~ | nen |

be **we** gen   blu_____   tur_____

gra_____   küs_____   se_____

bewegen ✓,

_____

② Kontrolliere die Verben in ① mit Silbenbögen. Markiere die Silbenkerne.

③ Schreibe nur die vier Sätze ab, die stimmen.

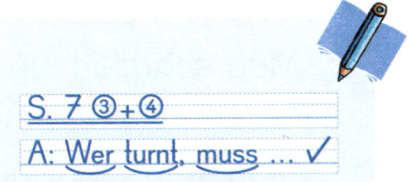

S. 7 ③+④
A: Wer turnt, muss ... ✓

A Wer turnt, muss sich bewegen.

B Frösche muss man küssen.

C Manche Frauen und Männer können segeln.

D Eine Wunde kann bluten.

E Ein Loch kann man graben.

④ Prüfe deine Sätze aus ③ mit Silbenbögen.

binden, kleben, lösen, pflegen, schreien

① Finde in der Wörterschlange acht Nomen.
Schreibe sie auf. Unterstreiche immer er.

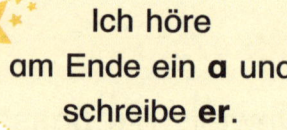

Ich höre
am Ende ein **a** und
schreibe **er**.

LiederWetterButterKofferKaterFensterMutterFelder

Lied**er** ✓,

② Notiere die Nomen aus ①, die in den Sätzen gesucht werden.
Unterstreiche immer die Endung er.

Man schmiert sie auf das Brot.

Man kann sie singen.

So nennt man eine männliche Katze.

Man packt ihn für die Reise.

So nennt man Regen oder Sonnenschein.

But**ter** ✓

der Bau**er**, die Brüd**er**, der Hamst**er**, der Lit**er**,
die Müt**ter**, der Septemb**er**, die Töcht**er**

① Lies die Sätze und unterstreiche die Wörter mit er.

A Ein Kind aus deiner Klasse war krank.

B Oma kann leider nicht kommen.

C Bei uns hinter dem Haus ist ein Wald.

D Er schenkt seiner Mutter ein Bild.

E Tim ist älter als seine Freunde.

F Die Jacke wurde wieder ganz sauber.

G Es ist schade, wenn keiner Zeit hat.

H Opa steht auf einer Leiter.

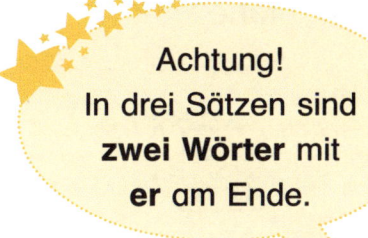

Achtung!
In drei Sätzen sind
zwei Wörter mit
er am Ende.

② Schreibe die Wörter mit er aus ① auf.
Markiere die Silbenkerne.
Zeichne die Silbenbögen ein.

A: deiner ✓, B:

euer, ganzer, hinter, jeder, weiter, welcher

① Ordne jedem Bild
das passende Wort zu.
Zeichne Silbenbögen ein.
Unterstreiche **r**.

Am Ende einer Silbe
kann man **r** nicht gut hören.
Übe daher die folgenden
Wörter!

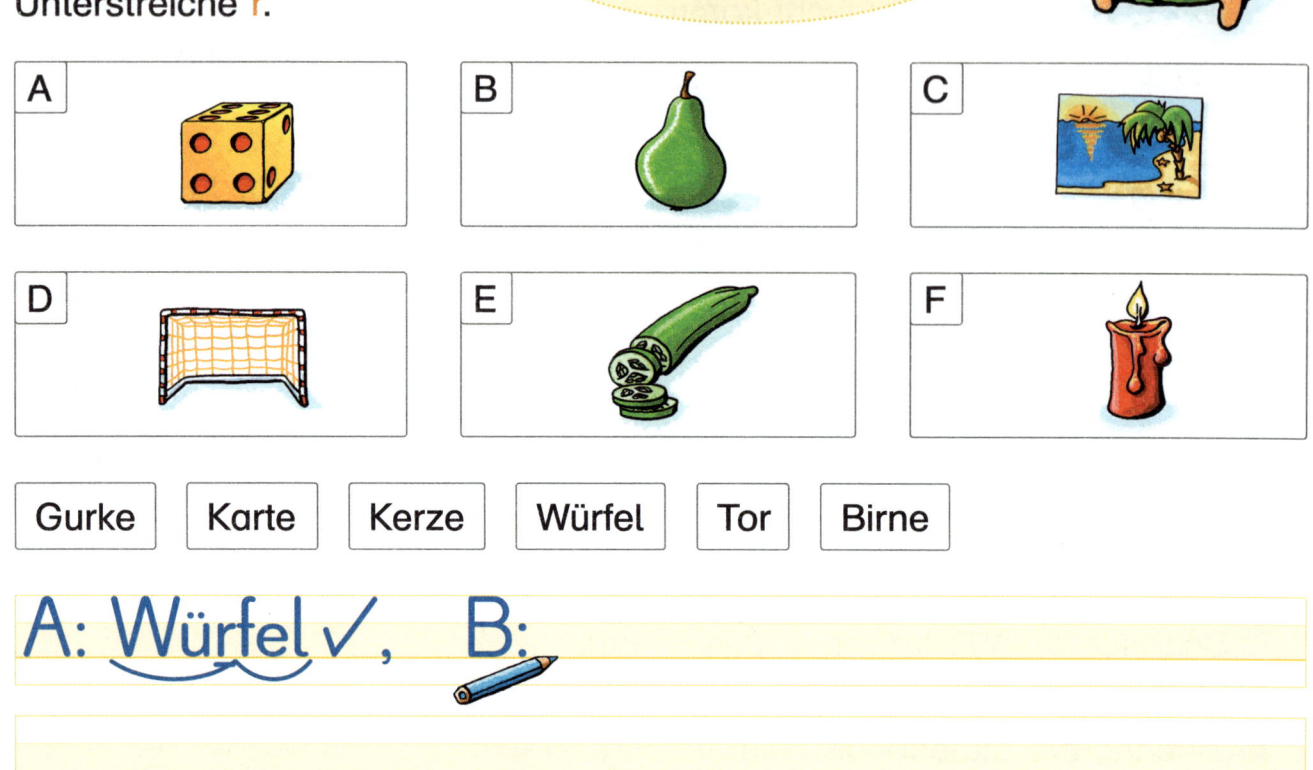

| A | B | C |
| D | E | F |

| Gurke | Karte | Kerze | Würfel | Tor | Birne |

A: Würfel ✓,   B:

② Schreibe zu den Silbenbögen die passenden Wörter aus ①.
Unterstreiche **r**.

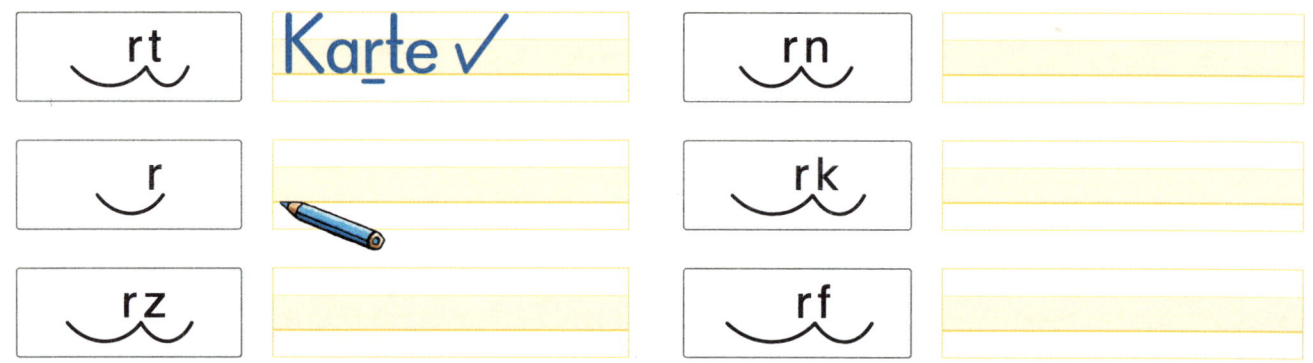

rt — Karte ✓   rn

r   rk

rz   rf

die Ka<u>r</u>te, die Ke<u>r</u>ze, die Ki<u>r</u>sche, kla<u>r</u>, das To<u>r</u>, der Wü<u>r</u>fel

① Schreibe die Wörter mit **Ei** oder **ei** richtig auf.
Markiere **Ei** und **ei**.

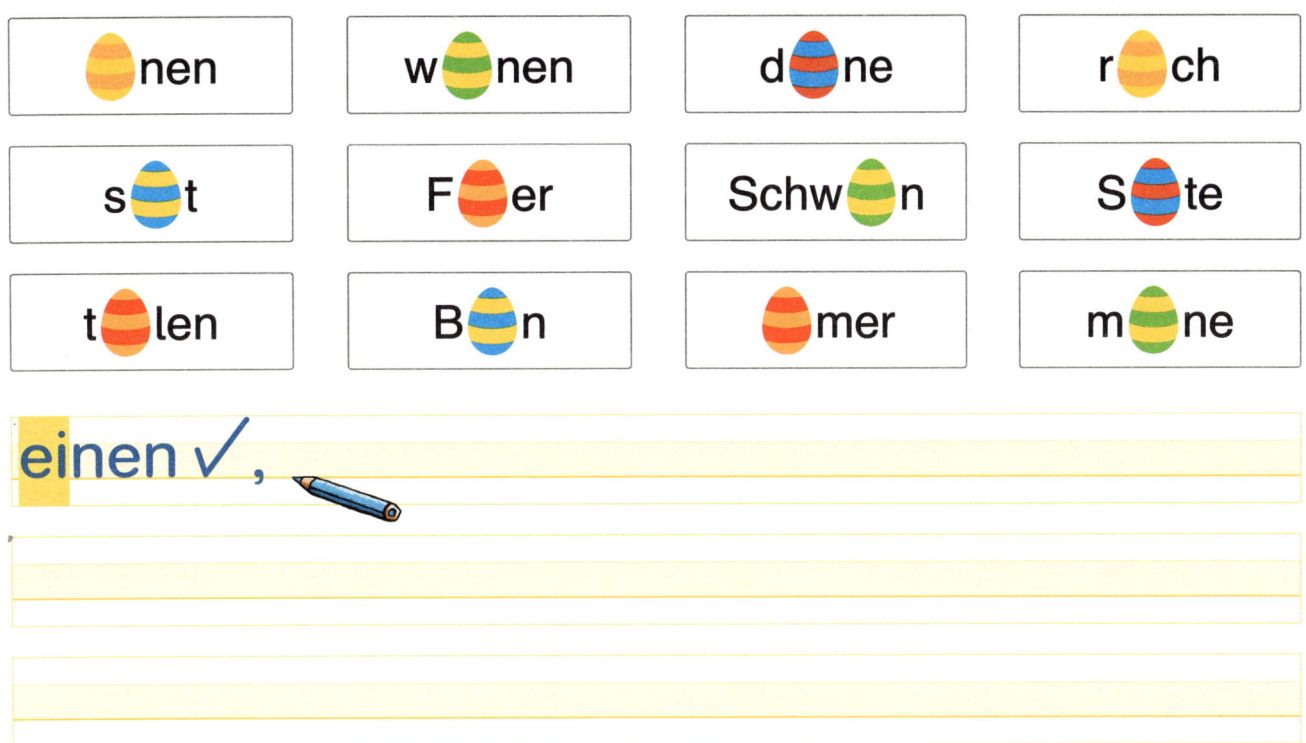

einen ✓, _____

② Schreibe die Sätze ab und ergänze die Wörter passend.

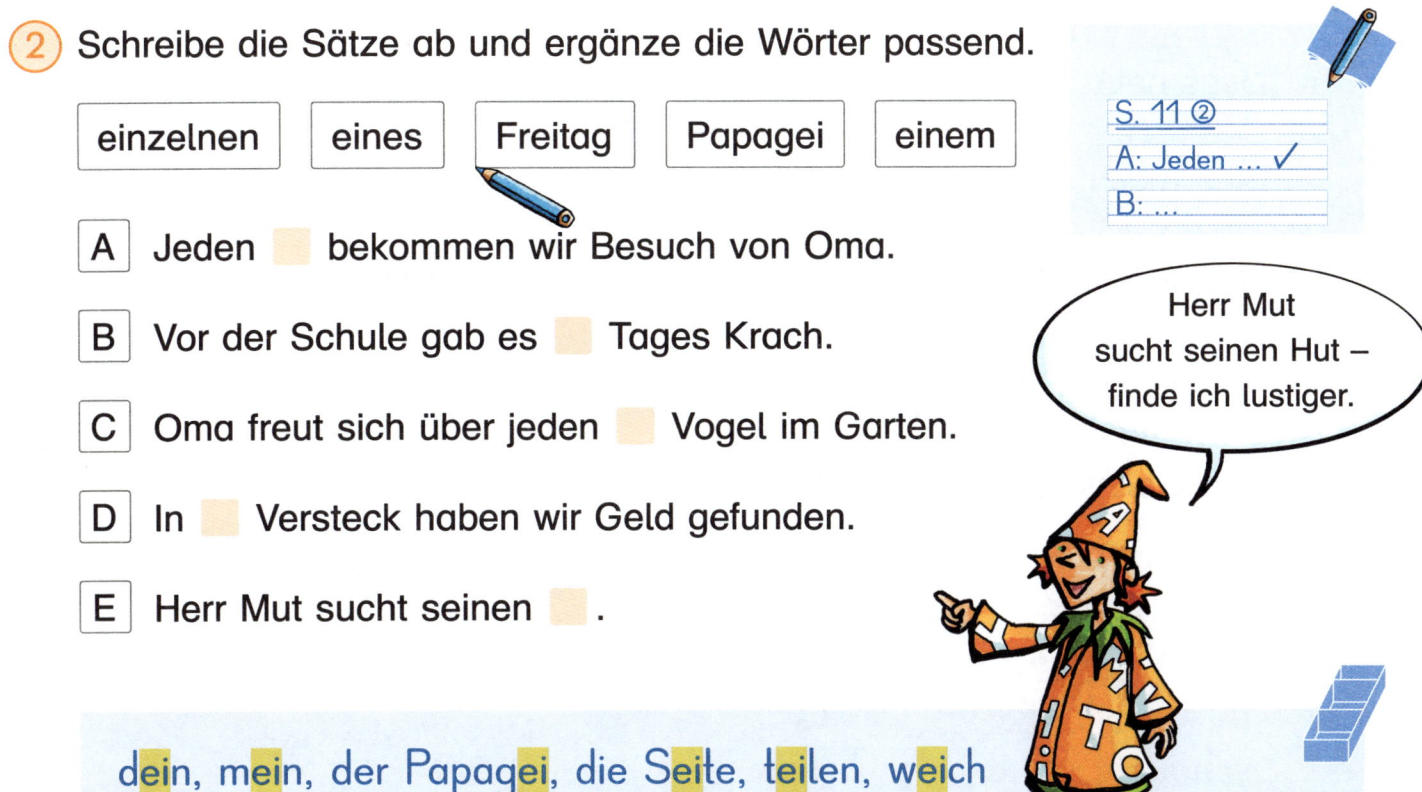

| einzelnen | eines | Freitag | Papagei | einem |

S. 11 ②
A: Jeden ... ✓
B: ...

A Jeden ☐ bekommen wir Besuch von Oma.

B Vor der Schule gab es ☐ Tages Krach.

C Oma freut sich über jeden ☐ Vogel im Garten.

D In ☐ Versteck haben wir Geld gefunden.

E Herr Mut sucht seinen ☐ .

Herr Mut
sucht seinen Hut –
finde ich lustiger.

dein, mein, der Papagei, die Seite, teilen, weich

2 Wörter mit **eu** und **au** richtig schreiben

① Ergänze **eu** oder **au** und schreibe die Wörter richtig auf.
Markiere den Zwielaut **eu** oder **au**.

Fr_**eu**_ndin   h___te   ___fwachen   l___t

k___fen   Pfl___me   Fr___de   ___re   bl___

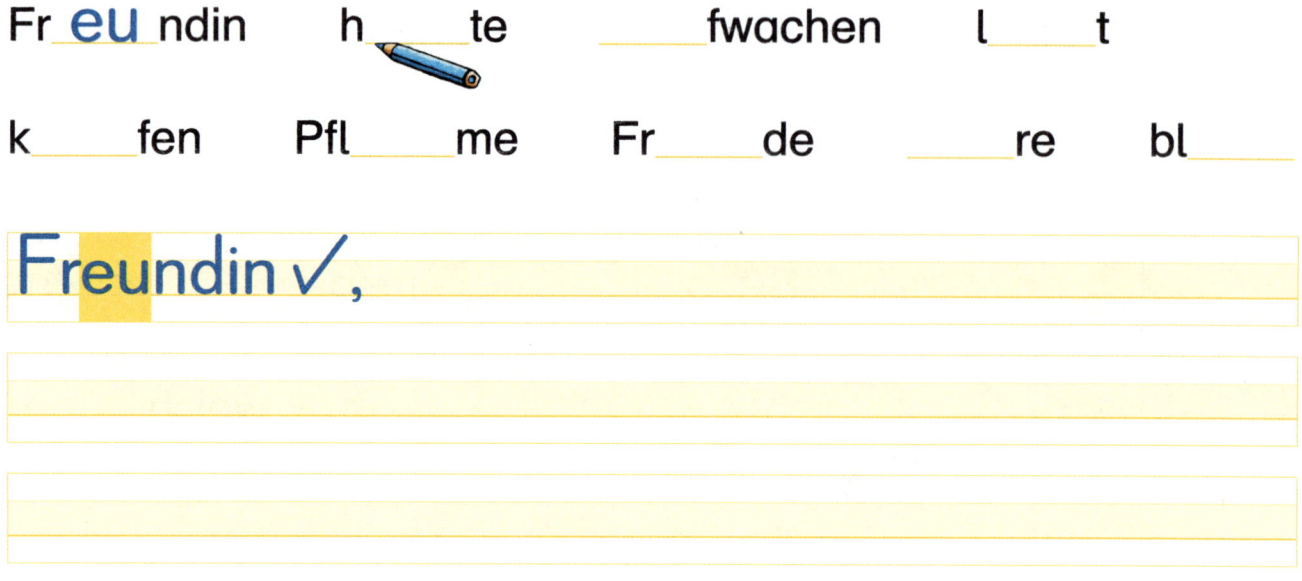

Freundin ✓,

② Verbinde die Satzteile passend.

Im August können die Leute	ist leider immer sehr laut.
Lisas neue Freundin	Aufgaben mit Freude.
Bitte macht heute eure	pünktlich aufwachen.
Lola will morgens	Pflaumen kaufen.

③ Schreibe die Sätze aus **②** ab.
Unterstreiche alle Wörter mit **Au**/**au** und **eu**.

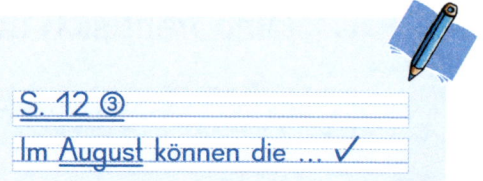

S. 12 ③
Im August können die ... ✓

aufwachen, eure, die Leute, die Pause,
schauen, schlau, der Traum

1 Finde in jedem Rahmen zwei Reimwörter.
Kreise sie ein.

blau ⋆ auch ⋆ Bauch ⋆ Nacht ⋆ neu

Auge ⋆ Dach ⋆ Heu ⋆ doch ⋆ flach

Bücher ⋆ Mütter ⋆ Tücher ⋆ blau ⋆ kälter

sich ⋆ richtig ⋆ weiter ⋆ mich ⋆ weich

Zäune ⋆ Kräuter ⋆ Bäuche ⋆ Häuser ⋆ Schläuche

2 Schreibe die Reimwörter aus ① auf.
Markiere die Silbenkerne.
Zeichne die Silbenbögen ein.

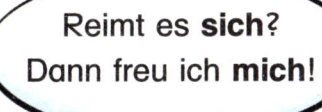
Reimt es **sich**?
Dann freu ich **mich**!

auch –

die Bäu<u>ch</u>e, die Bü<u>ch</u>er, fla<u>ch</u>, die Frü<u>ch</u>te,
die Kö<u>ch</u>e, ko<u>ch</u>en, der Ku<u>ch</u>en

① Finde zu jedem Muster das passende Wort.
Schreibe die Wörter auf. Markiere die Merkstelle.

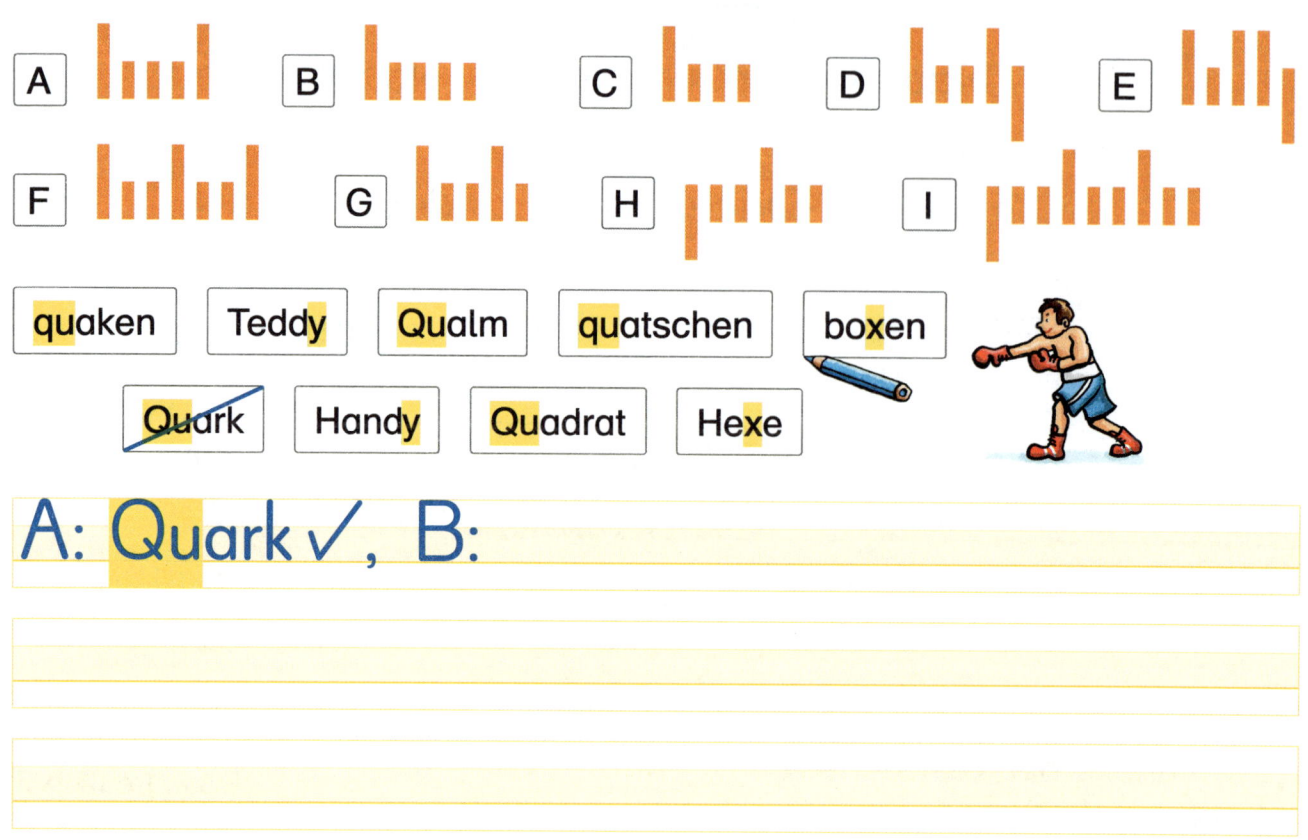

| quaken | Teddy | Qualm | quatschen | boxen |

| Quark | Handy | Quadrat | Hexe |

A: Quark ✓, B:

② Notiere die Wörter aus ①, die in den Sätzen gesucht werden.

Es ist eine böse alte Frau aus dem Märchen.

So nennt man ein Viereck auch.

Kinder tun es oft in der Schule.

Es ist ein anderes Wort für Rauch.

das Handy **M**, das Quadrat, der Quatsch,
das Taxi **M**, der Teddy **M**

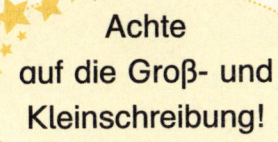

Achte
auf die Groß- und
Kleinschreibung!

① Finde in der Wörterschlange sieben Wörter
mit St oder st. Schreibe sie auf.

| stellenStängelStrauchSträucherStempelstillstören |

stellen ✓,

② Schreibe nur die drei Sätze ab, die stimmen.
Unterstreiche die Wörter mit St und st.

A   Blumen muss man in den Schrank stellen.

B   Im Wald wachsen auch Sträucher.

C   Über Tiere kann man staunen.

D   Alle Kinder haben eine tiefe Stimme.

E   In der Klasse ist es oft nicht still.

F   Ein Apfel wächst an einer Stange.

B: Im

die Stange, der Stängel, staunen, stellen, stören, die Stufe

① Finde zu jedem Muster das passende Wort.
Schreibe die Wörter auf.

A: sparen ✓, B:

② Verbinde die Satzteile passend.
Schreibe die Sätze ab.
Unterstreiche alle Wörter mit **Sp** und **sp**.

S. 16 ②
Opa arbeitet … ✓

Opa arbeitet im Garten

Wir sparen etwas Geld

Ein Spaziergang im Wald

kann Spaß machen.

mit einem Spaten.

für ein teures Spiel.

spazieren, der Spiegel, das Spiel,
die Spinne, springen, spülen

① Ergänze die Vokale a, e, i, o, u in den Wörtern. Achte auf den Code.

▨ = a   ▨ = e   ▨ = i   ▨ = o   ▨ = u

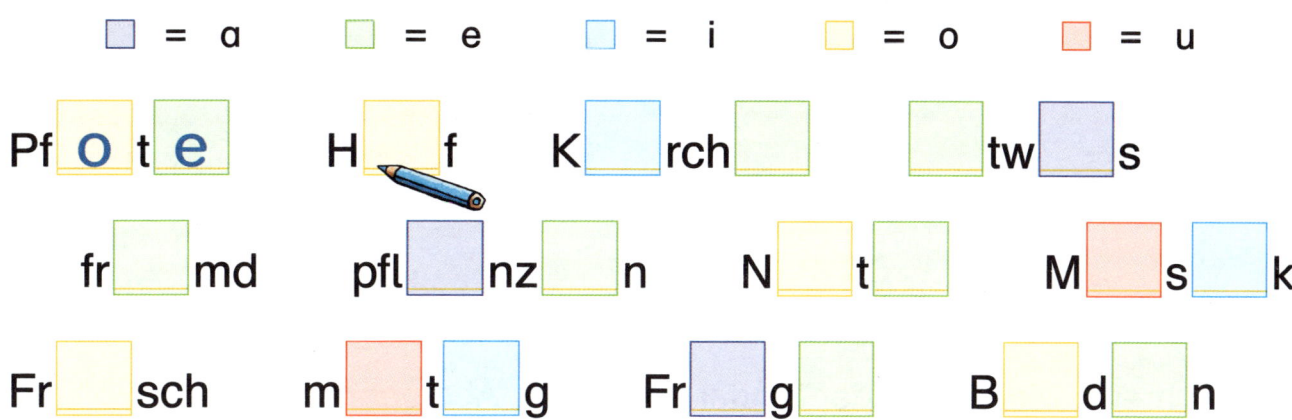

Pf o t e   H□f   K□rch□   □tw□s

fr□md   pfl□nz□n   N□t   M□s□k

Fr□sch   m□t□g   Fr□g□   B□d□n

② Schreibe die Wörter aus ① richtig auf.

Pfote ✓,

③ Ergänze die Wörter passend.

| Hemden | Pommes | Musik |

Kann man
Pommes hören?

_____ hören viele Leute gern.

_____ muss man hin und wieder waschen.

_____ soll man warm essen, nicht kalt.

etwas, der Frosch, die Musik, pflanzen, die Pommes, schenken

① Ergänze das Abc.

A	B	C		E				I

				N			Q	R

		U					

② Schreibe die Wörter der Kinder nach dem Abc geordnet auf.

1: Bär,

hundert, melden, unten, der **V**ulkan **M**, die Welt

① Ordne die Wörter nach dem Abc.
Achte auf den zweiten Buchstaben und unterstreiche ihn jeweils.

| 1 | Boden breit Bad bleibt | | 2 | Krone Kälte keine Kühe |

| 3 | werden Wörter Winde warm | | 4 | Foto Flöte Fuchs Familie |

1: B<u>a</u>d,

② Schreibe nur die Wörterreihen ab,
die nach dem Abc richtig geordnet sind.

Hier sind
drei Wörterreihen
richtig.

| 1 | hart hell holen | | 2 | teilen Töchter Tür |

| 3 | Wind waschen warum | | 4 | meiner Minute Monat |

das Bad, keine, warum, werfen, die Wölfe, die Wörter

1 Setze unter einen kurzen markierten Vokal einen Punkt (.),
unterstreiche einen langen Vokal (_).

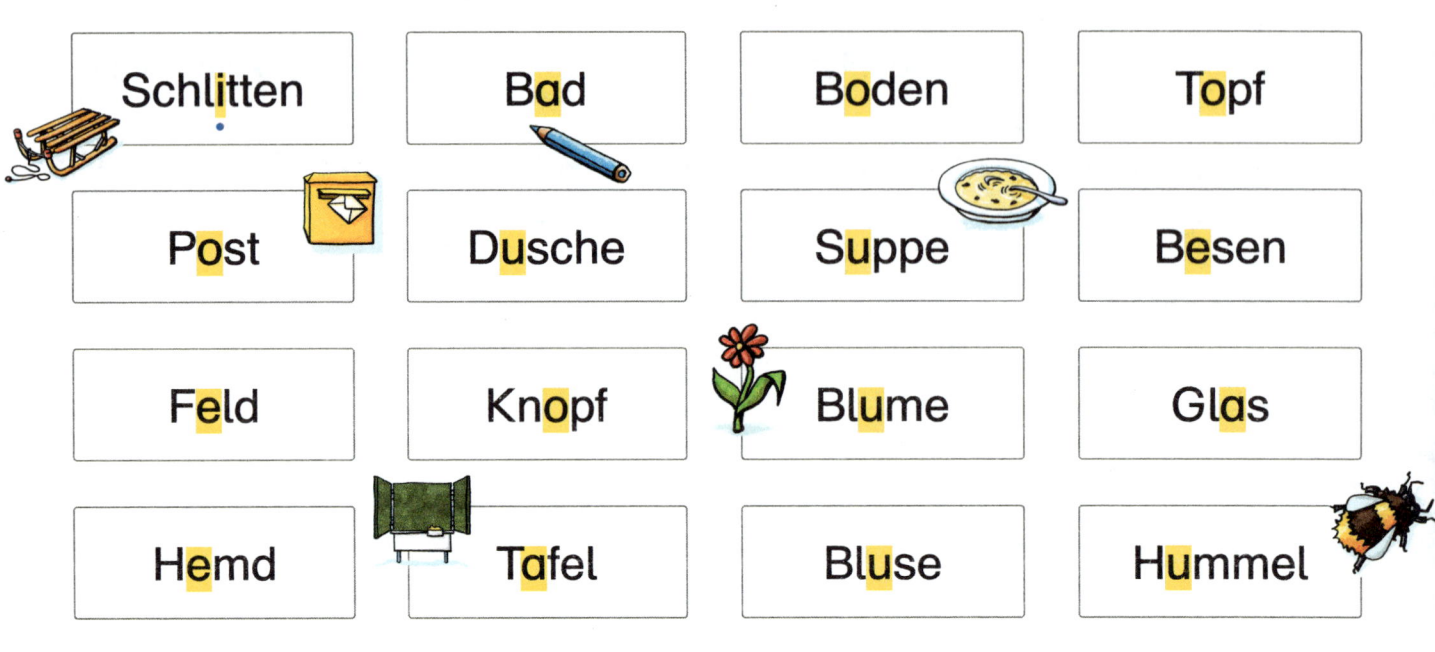

Schlitten	Bad	Boden	Topf
Post	Dusche	Suppe	Besen
Feld	Knopf	Blume	Glas
Hemd	Tafel	Bluse	Hummel

2 Ordne die Nomen aus ① in eine Tabelle ein.

S. 20 ②

kurzer Vokal	langer Vokal
Schlitten ✓	Bad ✓
...	...

3 Finde acht Verben mit langem Vokal.
Schreibe sie auf und unterstreiche
den langen Vokal (_).

Ich sage
nichts vor!

redenpflegensegelngebenlesenschlagensagenschlafen

reden ✓,

der Knopf, die Lampe, die Post, das Salz

① Markiere in jeder Reihe das Nomen mit **ie**.
Schreibe die zehn Nomen mit ihrem
bestimmten Artikel in dein Heft.

S. 21 ①
die Fliege, ...

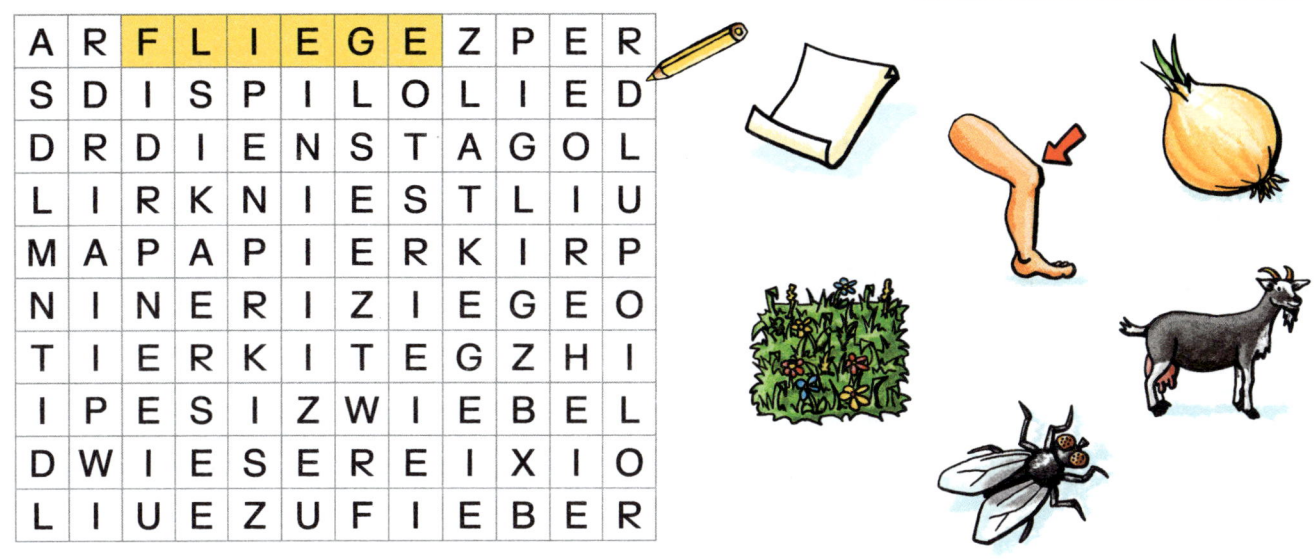

A	R	F	L	I	E	G	E	Z	P	E	R
S	D	I	S	P	I	L	O	L	I	E	D
D	R	D	I	E	N	S	T	A	G	O	L
L	I	R	K	N	I	E	S	T	L	I	U
M	A	P	A	P	I	E	R	K	I	R	P
N	I	N	E	R	I	Z	I	E	G	E	O
T	I	E	R	K	I	T	E	G	Z	H	I
I	P	E	S	I	Z	W	I	E	B	E	L
D	W	I	E	S	E	R	E	I	X	I	O
L	I	U	E	Z	U	F	I	E	B	E	R

② Finde zu jedem Muster das passende Wort mit **ie**. Schreibe die Wörter auf.

| wieder | viele | hier | ~~nie~~ | dieser | fliegen | diese | niesen |

A: nie ✓, B:

der Dienstag, dies, hier, lieb, nie, das Papier, viel

1 Ergänze den passenden doppelten Konsonanten.
Setze einen Punkt unter den kurzen Vokal davor.

☐ = ll   ☐ = nn   ☐ = tt

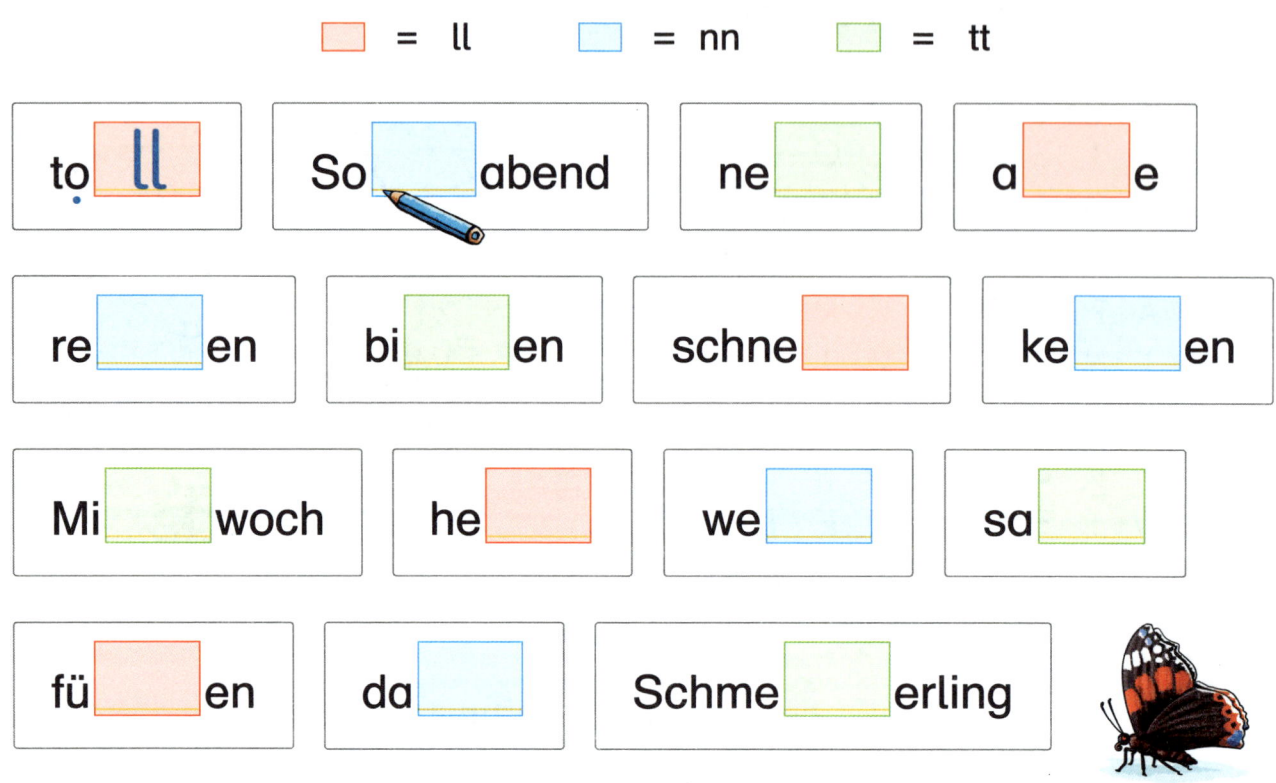

to**ll**   So___abend   ne___   a___e

re___en   bi___en   schne___   ke___en

Mi___woch   he___   we___   sa___

fü___en   da___   Schme___erling

2 Lege auf einem Blatt eine Tabelle an.
Sortiere die Wörter aus ① wie Lisa nach den doppelten Konsonanten.

Wörter mit ll	Wörter mit nn	Wörter mit tt
toll	rennen	

kennen, der Mittwoch, nett, der Schmetterling, schnell

① Finde in jedem Rahmen zwei Reimwörter. Kreise sie ein.

Zucker ⋆ Stücke ⋆ (Hecke ⋆ Rücken ⋆ Schnecke

Rock ⋆ Glocke ⋆ Brücke ⋆ Sack ⋆ Stock

Röcke ⋆ Socke ⋆ Mücke ⋆ Glocke ⋆ Bäcker

schicken ⋆ hocken ⋆ kicken ⋆ wackeln ⋆ strecken

② Schreibe die Reimwörter aus ① ab.
Setze einen Punkt unter den kurzen Vokal.
Markiere ck.

S. 23 ②
Hecke – ... ✓
...

③ Schreibe nur die vier Sätze ab,
die Wörter mit ck enthalten.

S. 23 ③+④
A: Der Bäcker will ... ✓
B: ...

A   Der Bäcker will leckere Brötchen backen.

B   Jeden Morgen klingelt der Wecker.

C   Oma und Opa sitzen auf einer Bank.

D   Manche Leute trinken Tee mit Zucker.

E   Lisa trägt gern bunte Socken und Röcke.

④ Markiere in ③ jeweils ck.
Setze einen Punkt unter den kurzen Vokal oder Umlaut davor.

backen, der Bäcker, die Decke, der Rücken, schicken

① Finde acht Wörter mit tz und schreibe sie auf.
Setze einen Punkt unter den kurzen Vokal.
Markiere tz.

| HitzesitzenPlatzputzenKatzeSpitzeSatzSchatz |

Hitze ✓ ,

② Schreibe nur die drei Sätze ab, die stimmen.
Unterstreiche die Wörter mit tz.

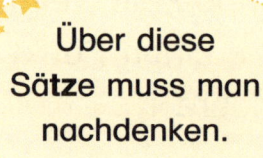

Über diese
Sätze muss man
nachdenken.

A Über Witze muss man lachen.

B Einen Schatz muss man in den Müll werfen.

C Eine Brille muss man putzen.

D Katzen können gut kratzen.

A: Über

die Hitze, die Plätze, putzen, der Schatz, die Spitze

① Ergänze d oder t. Verlängere dazu die Wörter.

Einzahl	Mehrzahl
der Aben**d**	die Aben**d**e
der Freun___ 	die Freun___e
das Nes___	die Nes___er
die Han___	die Hän___e 
das Kin___	die Kin___er
der Wal___	die Wäl___er
das Ba___	die Bä___er
das Ra___ 	die Rä___er
das Gel___	die Gel___er
das Bil___	die Bil___er
das Bro___	die Bro___e
die Wel___	die Wel___en
das Fel___	die Fel___er

der König ↪ die Könige, der Kor**b** ↪ die Kör**b**e,
der Mun**d** ↪ die Mün**d**er, der Urlau**b** ↪ die Urlau**b**e

1. Leite jedes Nomen in der Mehrzahl vom Einzahlwort mit **a** ab.
   Schreibe die Wortpaare wie im Beispiel auf.

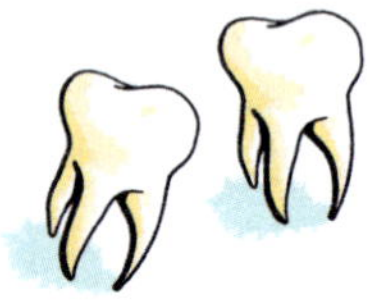

S✶fte	G✶rten	N✶chte	✶ste	H✶lse

Z✶hne	S✶tze	Bl✶tter	Pl✶tze

H✶fen	B✶nke	V✶ter	G✶ste	✶pfel

Säfte ⚡ Saft,

die Häute ⚡ die Haut, die Kräuter ⚡ das Kraut

① Verbinde jede Grundform mit der passenden Personalform.
Notiere unten das Lösungswort.

1	fallen	sie hält	L
2	zeigen	sie hilft	E
3	waschen	er singt	P
4	halten	er fällt	B
5	stehen	sie legt	I
6	singen	er lebt	L
7	legen	sie zeigt	A
8	helfen	sie fliegt	E
9	leben	er wäscht	L
10	fliegen	sie steht	S

Die Buchstaben ergeben in der Reihenfolge von eins bis zehn ein Lösungswort.

1	2	3	4	5	6	7	8	9	10

Lösungswort: _____

② Schreibe die Verben aus ① in dein Heft.
Unterstreiche immer den Wortstamm.

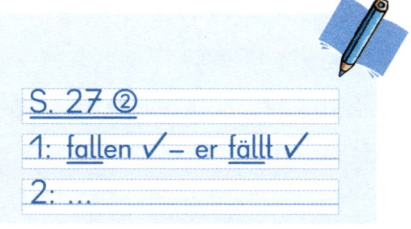

S. 27 ②
1: fallen ✓ – er fällt ✓
2: ...

blühen, es blüht,   essen, er isst,   sein, ich bin, du bist

1 Ergänze die Verben passend. Unterstreiche den Wortstamm.

| fragen ⭐ fragt | ~~schreiben ⭐ schreibt~~ | üben ⭐ übt |

| bringen ⭐ bringt | schlagen ⭐ schlägt | sagen ⭐ sagt |

1 Malik will schon lange einen Brief <u>schreiben</u> ✓.

Heute _____ er ihn endlich.

2 Juri will seine Mutter etwas _____.

Dann _____ er aber seinen Vater.

3 Alle Kinder _____ etwas vor.

Auch Amina _____ ein Spiel vor.

4 Bello soll Opa die Zeitung _____.

Er _____ Opa aber eine Socke.

5 Der Lehrer will mit den Kindern rechnen _____.

Rena _____ aber lieber lesen.

6 Lola will gern ihre Meinung _____.

Und sie _____ ihre Meinung heute auch.

bringen, fragen, sagen, schlagen, schreiben, üben

① Finde zu jedem Muster das passende Merkwort.
Schreibe die Wörter auf. Markiere ß.

| weiß | Straße | groß | heißen | heiß | Fuß | fließen | Spaß |

A: Straße ✓, B:

② Schreibe nur die vier Sätze ab, die stimmen.
Unterstreiche die Wörter mit ß.

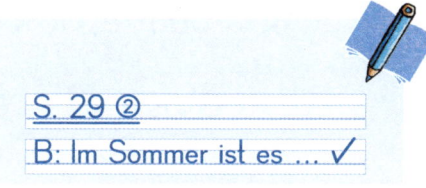

S. 29 ②
B: Im Sommer ist es … ✓

A Limo und Cola fließen aus Quellen.

B Im Sommer ist es oft heiß.

C Alle Kinder heißen Lola.

D Auf einer Straße kann man fahren.

E Die Großmutter kann jünger sein als die Mutter.

F Schuhe gehören an die Füße.

G Schnee ist immer kalt und weiß.

Heißt hier etwa noch jemand Lola?

grüßen M, heiß M, heißen M,
der Spaß M, die Straße M, weiß M

Schleichen sich manchmal Fehler in deine Wörter ein?
Hier sind **Lolas Tipps** für dich.

1. **Sprich** beim Schreiben **in Silben leise mit**. So vergisst du keinen Buchstaben.

Tomatensalat

2. groß oder klein?

Vogel oder vogel?

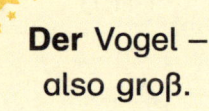

Der Vogel –
also groß.

3. d oder t, g oder k, b oder p am Ende?

Wand oder Want?

Ich **verlängere**:
Wände –
also Wand.

4. ä oder e, äu oder eu?

Gläser oder Gleser?

Ich **leite ab**:
Gläser von Glas –
also mit ä.

5. ein oder zwei Konsonanten?

Bett oder Bet?

Nach einem
kurzen Vokal folgen meist zwei
Konsonanten. Also: Bett.

① Wähle acht oder mehr Wörter aus diesem Heft aus, bei denen Lolas Tipps nützlich sind. Schreibe sie auf und markiere die schwierigen Stellen.

S. 30 ①

Merkwörter soll man sich merken. Aber wenn das nicht klappt?
Hier sind **Lolas Tipps** für dich.

das Taxi M   der Spaß M

1. Übe Merkwörter immer wieder
   mit der **Lernwörterkartei**.
   Markiere die besonderen Stellen.

2. Schreibe deine schwierigen
   Merkwörter auf **Klebezettel**.
   Hänge sie zum Beispiel
   in deinem Zimmer auf.

   Ich hänge sie
   an die Tür.

3. Schreibe schwierige
   Merkwörter mehrmals
   **mit verschiedenen
   bunten Stiften**.
   Das macht Spaß
   und sieht schön aus.

   Ich schreibe
   die Wörter auch gern
   am Computer. Da gibt es
   ganz verschiedene Farben
   und Schriften.

4. **Diktiert euch die Merkwörter
   gegenseitig** und kontrolliert
   auch gemeinsam.
   Zusammen macht das Üben
   oft viel mehr Spaß.

1 Wähle einige Merkwörter aus diesem Heft aus.
Übe sie mit Lolas Tipps.
Markiere die schwierige Stelle in jedem Merkwort.

Trainingsheft
zum Grundwortschatz

Herausgegeben von: Roland Bauer, Jutta Maurach

Erarbeitet von: Martina Schramm
in Zusammenarbeit mit der Redaktion Grundschule Deutsch 2–4

Redaktion: Martina Schramm, Sabine Gerber, Milena Lemke, Kristina Meyer

Illustration: Yo Rühmer, Frankfurt am Main

Umschlaggestaltung: Cornelia Gründer, agentur corngreen, Leipzig

Layout und
technische Umsetzung: lernsatz.de

www.cornelsen.de

1. Auflage, 1. Druck 2022

Alle Drucke dieser Auflage sind inhaltlich unverändert
und können im Unterricht nebeneinander verwendet werden.

© 2022 Cornelsen Verlag GmbH, Berlin

Druck: Parzeller print & media GmbH & Co. KG, Fulda

ISBN 978-3-46-480359-2 (Trainingsheft zum Grundwortschatz, Verbrauchsmaterial)

PEFC zertifiziert
Dieses Produkt stammt aus nachhaltig
bewirtschafteten Wäldern und kontrollierten
Quellen.
PEFC
PEFC/04-31-1308   www.pefc.de